性侵害兒童的處遇策略：

從受害者轉化成倖存者

【活動手冊】

Cheryl L. Karp & Traci L. Butler　著

王文秀、謝淑敏、李沁芬、陳瑩珊、彭一芳　譯

本手冊內容為活動單，須配合《性侵害兒童的處遇策略：從受害者轉化成倖存者》（王文秀、謝淑敏、李沁芬、陳瑩珊、彭一芳譯，2009，心理出版社）一書一起使用。

Activity Book for
Treatment Strategies for Abused Children

From Victim to Survivor

Cheryl L. Karp
Traci L. Butler

SAGE Publications
International Educational and Professional Publisher
Thousand Oaks   London   New Delhi

目 錄
Contents

階段
II
探索創傷　　041

階段 III 修復自我感　079

（編按：本手冊內容所列之活動單，乃搭配《性侵害兒童的處遇策略：從受害者轉化成倖存者》一書的活動，其中活動 7、16-19、22、52、54、56、74 不需配合使用活動單）

1

性的發展階段

😊 學齡前兒童（0 到 4 歲）

正常的現象

- 對於他們周遭的世界以及他們的身體有強烈的好奇心。
- 玩弄生殖器通常在嬰兒前期就開始，並一直持續到學齡前，這是一種自我撫慰的行為——通常是不經意的。
- 對於觀看別人的身體感到興趣，二到三歲的兒童會對別人在廁所裡的活動特別感興趣。
- 在情況允許或別人同意之下，學齡前兒童會利用機會去碰觸別人的生殖器。
- 對於碰觸別人的身體，如果被限制或規範，會很快轉移方向且會有正向的回應。
- 這類的碰觸在本質上是基於好奇心，而非一種強迫行為，而且大部分是「模仿的」。

「不正常」的現象

- 當好奇逐漸變成一種強迫性的行為時。
- 當探索性的行為變成一再展現出特定的成人活動時。

・當兒童的行為涉及強迫他人或者傷害他們自己時。

低年級學童（5 到 7 歲）

正常的現象

- 持續碰觸以及玩弄他們自己的生殖器官，進而自慰。
- 他們在碰觸自己的身體時，會愈來愈隱密，而且不像以前那麼不經心。
- 發現一些有創意的自慰方式。
- 持續對觀看別人的身體感到興趣，會從「好奇的尋找」轉變成是「玩遊戲」。
- 會持續玩一些「我給你看我的，你給我看你的」，以及「當醫生」等遊戲。
- 會問一些問題，例如：「我從哪裡來？」
- 會對人類身體的圖片感興趣，看到人們在電視上親吻也會咯咯的笑很久——一方面表現很噁心要吐的樣子，一方面又很著迷於要看。
- 這個年紀也開始出現對隱私感的需求。
- 接觸別人的生殖器通常會發生在半開玩笑的氣氛中，而且包含愛撫或搓揉。

「不正常」的現象

- 性器官的侵入。
- 親吻性器官或口交。
- 模仿性交。
- 「強迫性的」性演出。

潛伏期階段的學童（7 到 12 歲）

正常的現象

- 潛伏期兒童會持續手淫的性行為。
- 可能交替的出現壓抑和解除壓抑的階段。
- 九到十歲的兒童開始會找尋和性有關的訊息，並尋找能說明他們自己的器官以及功能的書籍或圖片。
- 青春期：男孩——會長出陰毛，並有能力透過手淫射出精液。

  女孩——可能長出陰毛、胸部發育，並開始有月經。

- 開始會出現一些不文雅的話，男孩會發展出特定的鎖上房門的行為，講一些黃色笑話，並可能會進行「射精比賽」。
- 女孩也可能會有鎖上房門的行為，可能會比較胸部大小，以及經驗各種不同程度的裸體。
- 許多青少年前期兒童會「談戀愛」，會和同儕一起從事性活動，包括口對口張開嘴巴的接吻、性的愛撫、模擬性交、性插入的行為，以及性交。
- 雖然多數這類的經驗是屬於異性戀，然而，仍常見青少年前期的兒童有一些同性間的性經驗。
- 對於觀看別人的身體，特別是異性，可能會有強烈的興趣——他們可能會透過看照片或刊物，包括色情書刊等方式。

「不正常」的現象

- 對七到十歲的兒童而言，進行性侵入、親吻性器官或口交，是高度的不尋常行為。
- 對青少年前期（10-12 歲）以及青少年期的孩子，跟年紀較小的兒童玩性遊戲，是高度的不尋常行為。
- 對各種年齡層的兒童而言，對年紀相似的同儕進行強迫、剝削或攻擊的性行為，都是不正常的行為。

階段 I
建立治療的投契關係

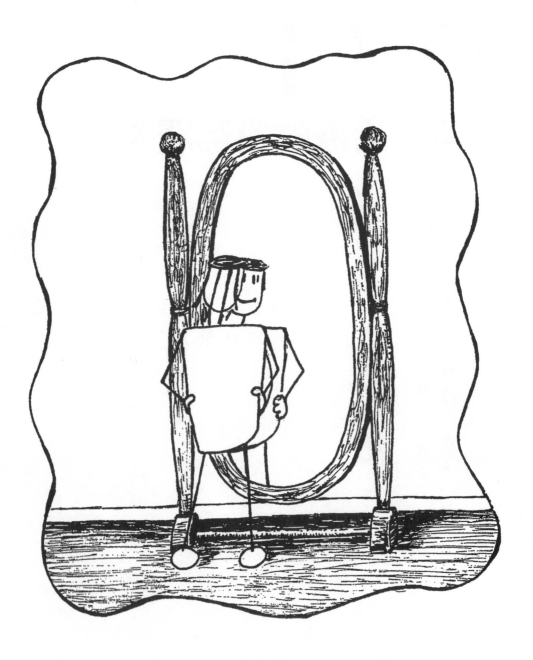

② 我是誰：建立自我形象、目標設定以及治療的信任感

給小朋友的話

　　這本手冊是給那些曾經在情緒、身體以及性方面受到傷害的小朋友所使用。你也會像其他使用這本手冊的小朋友一樣，透過這些活動更認識你自己以及你自己的感覺；而且使你更了解你曾經受到的傷害是如何影響著你目前的感覺，並學習用更好的方式照顧自己。

　　曾受到傷害的兒童會使用不同的方法來照顧他們的感受而不說出來，有時候他們會壓抑自己的感覺，以免再去觸動這些感覺；或是因為他們自己很痛苦而去傷害到別人；有時候卻會說他們沒有感覺，或是用吃很多東西的方法，來使他們心裡好過些。那麼，你是如何照顧自己內心的感覺呢？

　　照顧你自己感覺的第一步是分享更多有關你自己及你的家庭，並開始設立目標。在這個章節裡，你會進行許多活動，以便你可以展開成為最棒的你的旅程，祝你好運！

活動 1　所有關於我的事

我的名字是：_____

我_____歲，我的生日是____年____月____日

我的頭髮顏色是_____色

我身高_____公分，體重_____公斤

我唸_____國小，_____年級_____班

我的老師的名字：_____

我和_____住在一起

我媽媽的名字：_____

我爸爸的名字：_____

我有_____個姊姊，_____個哥哥，_____個妹妹，_____個弟弟

他們的名字和年齡分別是：_____

_____

對於我的家，我覺得快樂／不快樂（圈其中一個）

我喜歡做的事：_____

有關我的其他重要的事情：_____

我的寵物是：_____牠們的名字：_____

我最好的朋友是：_____

活動 2　我！

✳畫一個你自己。

活動 3 我的家

✽畫一張你的家。

活動 **4** 家庭活動

* 畫一張你的家人在一起做某件事的圖。

活動 5 我的動物家庭

✳每一位家庭成員用一種動物代表，畫一張圖。

活動 6 我的三個願望

✽寫下或畫下你的三個願望。

活動 8 鏡中的我

✳照一照鏡子，然後將你所看到的畫下來。

活動 9 我喜歡我自己，因為……

✽寫下五件你喜歡自己的事情。

1.

2.

3.

4.

5.

活動 **10**　我的目標

✳寫下五件你想改變自己的事情。

1.

2.

3.

4.

5.

③

感　受

給小朋友的話

　　每個人都有感受，常常大家會將它分為好的或不好的感受，但感受就是感受，所有的感受都是正常的。你的感受可能來自不同的經驗，你現在所看、所聽、所嗅到的、碰觸到的，甚至所嚐到的味道，都可能因為過去的經驗而令你回想起一些想法或感受。

　　有時候，曾受過虐待的小孩會學習將他們的感受塞住，或故意丟開，以免去觸動這些感受。將你的感受塞住會產生的問題是，這麼做就會造成你很難告訴別人你的感受。

　　在這個章節裡要教你如何分辨你不同的感受，以便你可以讓別人知道你的感受。你也將學習如何使用字句來描述你的感受，以便別人能夠聽到，並了解你。

活動 11 感受圖

✳ 請在以下圖中，為每一種感受畫上臉譜。

快樂

難過

挫折

害怕

生氣

得意

活動 12 *你覺得怎麼樣？*

✳假設你是以下這些小朋友，請寫下你的感受。

1.Sally 受邀到她的好朋友家過夜。

_____

_____

_____

2.Jennifer 舉手想回答問題，但老師從未叫她回答。

_____

_____

_____

3.Brian 半夜聽到奇怪的聲音而驚醒過來。

_____

_____

_____

4.José 排好隊，但是 Freddy 在前面插隊。

_____

_____

_____

活動 13 我的感受

❋藉由完成以下「我覺得」的敘述來分享你的感受。

1.當＿＿＿＿＿＿＿＿＿＿＿＿＿＿＿＿＿＿＿＿＿＿＿＿＿＿

　＿＿＿＿＿＿＿＿＿＿＿＿＿＿＿＿＿＿＿＿＿＿，我覺得快樂。

2.當＿＿＿＿＿＿＿＿＿＿＿＿＿＿＿＿＿＿＿＿＿＿＿＿＿＿

　＿＿＿＿＿＿＿＿＿＿＿＿＿＿＿＿＿＿＿＿＿＿，我覺得難過。

3.當＿＿＿＿＿＿＿＿＿＿＿＿＿＿＿＿＿＿＿＿＿＿＿＿＿＿

　＿＿＿＿＿＿＿＿＿＿＿＿＿＿＿＿＿＿＿＿＿＿，我覺得挫折。

4.當＿＿＿＿＿＿＿＿＿＿＿＿＿＿＿＿＿＿＿＿＿＿＿＿＿＿

　＿＿＿＿＿＿＿＿＿＿＿＿＿＿＿＿＿＿＿＿＿＿，我覺得害怕。

5.當＿＿＿＿＿＿＿＿＿＿＿＿＿＿＿＿＿＿＿＿＿＿＿＿＿＿

　＿＿＿＿＿＿＿＿＿＿＿＿＿＿＿＿＿＿＿＿＿＿，我覺得生氣。

6.我當＿＿＿＿＿＿＿＿＿＿＿＿＿＿＿＿＿＿＿＿＿＿＿＿＿

　＿＿＿＿＿＿＿＿＿＿＿＿＿＿＿＿＿＿＿＿＿＿，我覺得得意。

活動 14-1 　感受圖——快樂

✽畫一張你感到快樂的圖。

活動 14-2　感受圖──難過

✳畫一張你感到難過的圖。

活動 14-3 感受圖──挫折

✳畫一張你感到挫折的圖。

活動 14-4 感受圖——害怕

✳畫一張你感到害怕的圖。

活動 14-5　　感受圖──生氣

❋畫一張你感到生氣的圖。

活動 14-6 感受圖——得意

✳畫一張你感到得意的圖。

活動 15　和感受一起飛翔

✽感受有時候可以和顏色連結起來，請將你的感受用顏色畫在熱氣球上。

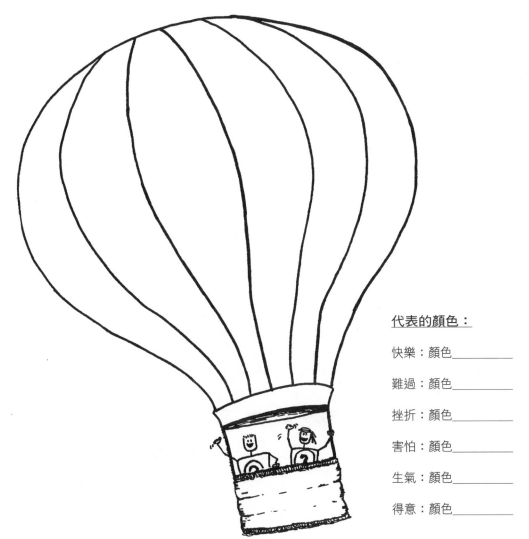

代表的顏色：

快樂：顏色_____

難過：顏色_____

挫折：顏色_____

害怕：顏色_____

生氣：顏色_____

得意：顏色_____

④

界　限

給小朋友的話

像其他每一個人一樣，當你出生時都需要被保護和維護你的安全。每個人在他們身體四周有他們自己的個人空間，並且和別人之間有一定的距離，這樣才可以讓他們感到安全，這稱為你的界限。你是否曾在著色本上塗顏色或是玩籃球之類的遊戲？這些活動你都不能超出線外，必須在線內進行，它們也都是界限。

當一個孩子被打、被碰觸隱私處、被咆哮，或是被忽視時，就是沒有尊重他或她的界限。有時候人們會認為只有當他們傷害你的身體時才是不尊重你，但是，當他們說些話傷害你或是沒有顧慮到你的需要時，他們仍然是破壞或是侵犯了你個人看不到的無形界限。

如果有些人以某些方式傷害你，這可能意味著你弄不清楚別人對你所做的事，有哪些是「對的」，哪些是「不對的」。學習保護你自己的安全以及如何控制你的行為是很重要的，當你學會這些，你就可以知道別人是否很尊重的對待你。

本章將協助你學會什麼是安全的界限、如何保護你自己的安全，以及如何安全地和他人相處。

活動 20　界限──連連看

✳ 連接這些黑點並且替你的圖畫塗上顏色。

活動 21　個人空間

✳在個人空間裡塗上顏色。

活動 23 我的個人空間

✽畫一張你自己的圖像,並且在你的個人空間裡塗上顏色。

活動 24　Shane 的故事

＊閱讀或聆聽本故事並回答下列問題。

　　Shane 過得並不快樂。他和爸爸及姊姊住在一起，Shane 的爸爸似乎總是在生氣，尤其是當他喝醉酒的時候。現在 Shane 發生一些問題，就是當他生氣時他會打別人的臉，他在學校會對朋友吼叫並推開他們。

　　Shane 的老師現在幫忙他了解什麼叫做個人的界限，以及如何去尊重別人的個人界限和隱私空間。老師告訴他：「當你的家人無法尊重你的隱私空間及破壞你的個人界限時，你就會很難了解如何去尊重別人的隱私空間。」在家裡，每個人會隨自己的意思愛做什麼就做什麼，從來不去徵求他人的意見。像有的時候，Shane 的姊姊就直接進他的房間拿走東西，從來不敲門也不會徵求他的同意才進來。

　　Shane 現在正在學習如何說出他的感覺。他的老師也協助他學習在「借用」朋友的東西之前要如何徵求對方的同意。Shane 似乎對這所有的一切感到相當的困惑，但他喜歡別人尊重他和他的東西。現在他希望他的家人可以學會尊重個人的空間。

§ 問題討論 §

1. Shane 的爸爸和姊姊如何侵犯他的界限？

_____

_____

_____

2. Shane 如何學會更加尊重他的朋友？

_____

_____

_____

3.你認為個人及私密的空間是什麼意思？

_____

_____

_____

4.畫一張 Shane 的畫。

活動 25　隱私三角形

✳看這張圖並練習用你的雙手做出你自己的隱私三角形。

隱私三角形——連連看

✳ 連接這些黑點並且替你的圖畫塗上顏色。

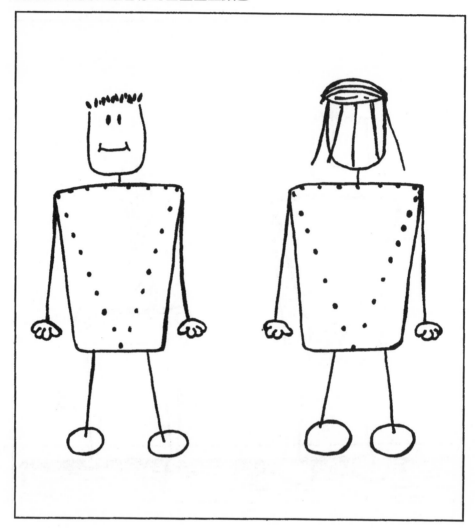

活動 27　隱私三角形——剪和貼

✷將三角形剪下並將它貼在圖畫上，表示出哪裡是隱私三角形。

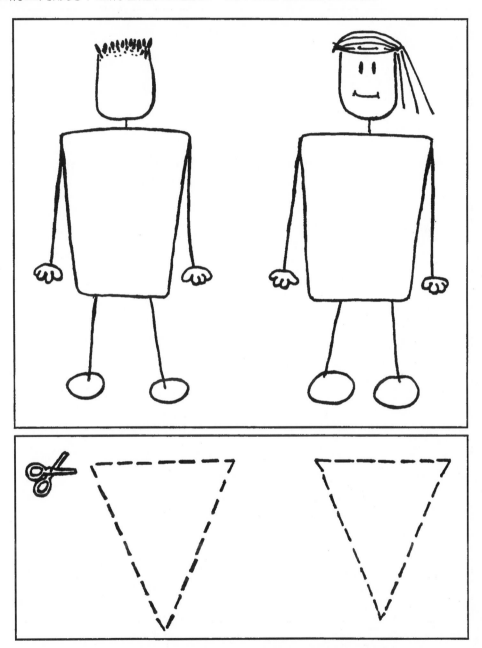

活動 28　我的隱私三角形

✽畫一張你自己的圖像，並且畫出你自己的隱私三角形。

階 段 Ⅱ

探索創傷

⑤

發展信任感和安全感

給小朋友的話

　　每一個人都應該感到安全和被保護。曾經受過傷害的孩子，他們的信任感被破壞了，所以當你不曾感到安全和被保護時，通常很難去信任別人。有時，當別人傷害你時，你甚至會很難信任自己，因為你可能相信這是自己的錯。你必須知道，不論你曾經發生過什麼事情，那都不會是你的錯！

　　本章目的是幫助你學習什麼是信任——如何信任你自己，以及信任那些值得你信任的人。你也將學習安全是什麼意思。

活動 29　Valerie 的故事

＊閱讀或聆聽本故事並回答下列問題。

　　Valerie，七歲，她和媽媽及兩歲的弟弟 Ruben 住在一間公寓中。Valerie 的媽媽常喜歡在週末和她的朋友去酒吧，她告訴 Valerie，因為她辛苦工作了一個星期，所以週末是她玩樂及放鬆的時候。

　　因為賺的錢並不夠請保姆來照顧弟弟，所以當她的媽媽出去時，通常會叫 Valerie 替她照顧 Ruben。Valerie 的媽媽在離開前會先將 Ruben 餵飽，並告訴 Valerie 只要給弟弟奶瓶，並在晚上八點時把弟弟放在床上讓他睡覺，然後她自己再去睡覺就好。

　　Valerie 在晚上時常會感到害怕，有時候她會聽到很奇怪的聲音，有時候媽媽會帶陌生的男人回來過夜。她會被他們在臥室的笑聲和奇怪的聲響吵醒。Valerie 和 Ruben 睡在同一個房間裡，她醒來之後會整晚躺著並傾聽房內的動靜，希望沒有發生什麼事。

　　有時因為 Valerie 聽到媽媽大聲哭叫，她會跑去媽媽的房間看看她是不是還好好的。有一次 Valerie 真的看到媽媽被打，這真的讓她很苦惱，她試著幫助媽媽，但是她的媽媽非常生氣並且叫她走開，有時 Valerie 還會因此被打。

　　Valerie 學會不要打開她的門，在那些夜裡，她覺得非常不安全。她希望媽媽告訴她，一切都是沒有問題的。

§ 問題討論 §

1.你想對 Valerie 而言，安全是什麼意思？

_____

_____

_____

2.對你而言,安全是什麼意思?

_____

_____

_____

_____

3.畫一張 Valerie 的畫。

活動 30　我的安全地方

✳畫出或是列出你覺得安全的地方。

活動 31　我最安全的地方

＊寫下或是畫出你覺得最安全的地方。

活動 32　不安全的地方

✳畫出或是列出你覺得不安全的地方。

活動 33　Tommy 的故事

❋閱讀或聆聽本故事並回答下列問題。

　　Tommy 剛剛過完他的十歲生日，他很高興他又大了一點。但是他仍然不能和他的哥哥 Bruce 一樣大，他的哥哥今年十四歲。Bruce 真的比他大很多，而且因為這樣，他常常要求 Tommy 做他想要 Tommy 去做的事。

　　Tommy 很討厭媽媽跟爸爸經常在週末逛街或是在週間去學校開會，因為那時 Bruce 就會變成家裡的「總管」，可以發號施令管理一切。Bruce 經常叫 Tommy 用耙子把後院的落葉堆在一起並清理狗大便，即使這原本是 Bruce 的工作。如果 Tommy 拒絕去做並說要告訴爸爸媽媽，Bruce 就會打他並威脅他，如果 Tommy 真的敢告狀，就會被他打得更慘。

　　Tommy 很厭煩總是做一些 Bruce 命令他去做的事，所以有一天他說了「不要」，Bruce 開始捶打 Tommy，一直抓他的頭去撞地板，結果頭上腫了一個大包。當他的父母回到家後，Bruce 卻說是 Tommy 從腳踏車上跌下來撞到的。

　　Tommy 不敢把這些事告訴別人，Bruce 總是打了他之後又跟他道歉，說他非常對不起而且以後再也不會這樣做了……但是 Bruce 總是不守諾言。

§ 問題討論 §

1.在這個故事裡，你想 Tommy 可以信任 Bruce 說的話嗎？為什麼？

_____

_____

_____

_____

2.是否有任何人是你可以信任的呢？是誰？為什麼？

_____

_____

_____

_____

3.你想「信任」對你而言是什麼意思？

_____

_____

_____

_____

4.畫一張 Tommy 和 Bruce 的畫。

活動 34　　我信任的人

✳畫出某位你信任的人的圖像，如果你願意，你可以畫出多位你信任的人。

活動 35　被破壞的信任感

✳畫出或列出信任可能被破壞的不同方式。

活動 36　我不信任的人

✳畫出你不信任的人的圖像。

活動 37　安全的規則

＊閱讀下列的規則以保護你自己的安全。

1. 對於想要侵入你的個人空間的人，你可以對他說「不要」。

2. 只要你不會傷害任何人或任何事，你可以表達任何感受。

3. 對於讓你感到不安的陌生人，你要保持距離以策安全。

　請列出三種以上保護你自己安全的方法。

1.＿＿＿＿＿＿＿＿＿＿＿＿＿＿＿＿＿＿＿＿＿＿＿＿＿

2.＿＿＿＿＿＿＿＿＿＿＿＿＿＿＿＿＿＿＿＿＿＿＿＿＿

3.＿＿＿＿＿＿＿＿＿＿＿＿＿＿＿＿＿＿＿＿＿＿＿＿＿

6

祕 密

👤 給小朋友的話

　　驚喜！感到驚喜是件有趣的事，就如同一場每個人都保密的驚喜生日派對。一個好玩或安全的祕密保密一小段時間是有趣的，就像一場驚喜的生日派對。

　　難以啟齒或不安全的祕密會讓你覺得「噁心」的，就不應該保持沉默。把這些令你覺得噁心的祕密告訴一個你信任的人才是對的。

　　很多時候，傷害小孩的人會要小孩「不能說出來」。有時候他們還會說：「它們將傷害你、你的家人，或將會有可怕的事情發生。」如果這類事情發生在你身上時，你可能會很害怕自己會把你的祕密說出來。

　　對你而言，知道自己是值得被人用健康的方式去保護安全及被愛是很重要的。照顧你自己最好的方式就是說出你的祕密。

　　本章將幫助你學習安全及不安全的祕密之間的不同。如果你覺得安全，你甚至會很勇敢地用你自己的話，分享你害怕的祕密。

活動 38　Samantha 的故事

＊閱讀或聆聽這個故事並回答下列問題。

　　Samantha 在十一歲的時候，她想她已經夠大了，可以像她的朋友那樣去參加夏令營，但是她的媽媽卻告訴她，她需要再去祖父母家和他們住在一起。這讓 Samantha 非常的痛苦煩惱，Samantha 再也不想去祖父母家。那個暑假對她的母親而言，是一段難熬的日子，因為她的母親和繼父剛離婚，因此她媽媽依賴她的父母來照顧 Samantha 和她的妹妹。

　　Samantha 痛恨那一年暑假她必須離開她的鄰居，也是最要好的朋友──和她住在同一棟公寓的 Jamie。她尤其討厭當祖父帶她去釣魚的時候，和祖父一起渡過的「特別」時光。祖父在那裡第一次碰觸她的「隱私處」，他告訴她這是他們之間的「祕密」，即使她說出來，也沒有人會相信她。Samantha 非常的困惑，Samantha 以前很喜歡和祖父在一起的特別時光，可是她真的希望祖父不要再用那種方式來碰觸她。

　　當 Samantha 準備行李要到祖父母家，Samantha 很困惑她的祖父是否也曾經如此對待過她的媽媽。她也很困惑是否要告訴母親這件事，畢竟這並不是像上次 Jamie 的生日派對那種有趣的祕密。

§ 問題討論 §

1. 安全和不安全的祕密之間有什麼不同？

_____

_____

_____

_____

2.在這個故事中，有趣或安全的祕密是什麼？

_____

_____

_____

_____

3.在這個故事中，不安全或難以啟齒的祕密是什麼？

_____

_____

_____

_____

4.你認為 Samantha 應該怎麼做比較好？

_____

_____

_____

_____

活動 39 　祕密讓我覺得……

✽畫出或寫出你對祕密的感覺。

活動 40 可以分享的安全地方

＊畫一個地方，在那裡你覺得很安全，可以分享令你覺得難以啟齒的祕密。

活動 41　我能說出來！

✻寫出或畫出一個人，你可以跟這個人說出令你覺得難以啟齒的祕密。

活動 42　我朋友的祕密

✳寫出一個關於某個小孩的故事。他很害怕說出他或她覺得難以啟齒的祕密。

很久很久以前 _____

_____

_____

_____

_____

_____

_____

_____

_____

_____

_____

故事結束

活動 43　我快樂的祕密

✳寫出或畫出當你告訴別人一個有趣的祕密的情況。

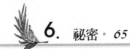

活動44 **我困難的祕密**

✱寫出或畫出當你告訴別人一個令你覺得難以啟齒的祕密的情況。

7

記憶、夢魘和「怪物」

給小朋友的話

要回憶起所發生過的每一件事並不容易。回憶有時並不容易，因為要去回想那些你希望從來不曾發生過的事，是很痛苦的。有時，當那些事太恐怖時，你會遺忘或「封鎖」自己的記憶，而讓自己覺得好像什麼事也沒發生過。

你的夢可能是幫助你想起過去發生過的恐怖事情的一個方式，可怕的夢境或夢魘非常嚇人，但是，如果你願意，它們可以幫助你了解更多過去所發生過的一些經驗以及你的感受。

很多時候孩子們會在他們的惡夢中看到「怪物」，這會很嚇人，因為這些「怪物」看起來是這麼的真實，但是那些怪物並不是真的。

你的夢是你腦子裡的圖像，像是你曾經看過的電影。你可以學著去控制你的怪物，就像是導演能控制一部電影的拍攝。控制你的「怪物」或主導你的惡夢的最好方法，是用你自己的話去表達你自己的想法和感受。有的時候你的卡通「朋友」可以幫忙解決問題，我猜你一定有一個你自己覺得有力量，而且可以幫你解決問題的特別卡通人物。

在這個章節中，你將學習如何去說出你所記得的事情和你的感覺。如果你有恐怖的夢境或是夢魘，你會學到新的求救方法。如果有「怪物」在嚇你，你將學會如何制伏牠們，並且可以掌控更多。或許你的卡通「幫手」能幫你解決怪物的問題。

活動 45　我有一個夢

✱畫出一個你記得的夢。

活動 46　我快樂的夢

✳ 畫出一個曾讓你快樂的夢。

活動 47 我害怕的夢

＊畫出一個曾讓你感到害怕的夢。

活動 48　永遠不會結束的夢境

✳畫出一個你不只夢到一次的夢境。

活動 49　　我的怪物

✳畫出你心中的「怪物」。

活動 50　卡通幫手

✽畫出一個可以擔任你「特別的協助者」的卡通幫手。

活動 51　特殊的救援幫手！

✽畫出或列出你的特別幫手可以幫助你解決困難的三個方法。

活動 53-1 重要的記憶——第一個記憶

＊回想你小時候，畫出你記得的最早的記憶。

活動 53-2 重要的記憶——最快樂的記憶

✳畫出一個你最快樂的記憶。

活動 53-3　重要的記憶──最難過的記憶

✳畫出一個你最難過的記憶。

活動 53-4 重要的記憶——最害怕的記憶

❋畫出一個你最害怕的記憶。

階段 III

修復自我感

8 讓罪惡與羞恥成為過去

9 處理「受困」的感受

8

讓罪惡與羞恥成為過去

給小朋友的話

　　每個人都希望能被關懷與被愛，問題是，並不是每個人都知道如何用健康的方式表達感受，常常有些人最後會做出一些令人受傷的事或說出一些傷害人的話。當一個理所當然你應該信任的人傷害了你，這會令你感到非常困惑。

　　你或許會覺得是因為你自己不好或是做錯事，所以別人才會傷害你。他們的言行或許會讓你覺得有罪惡感，或覺得自己很可恥。當別人做出錯誤的選擇而傷害到你時，那並不是你的錯，你應該做的第一件事就是講出來，並且了解到那並不是你的錯。

　　這對你來說，可能是一段非常難熬的時間。因為別人傷害了你，所以你可能會覺得你失去了一些東西，甚至可能會讓你覺得自己已「失去」了做為一個孩子的某個部分。

　　你將會了解別人的錯誤選擇並非你的錯，你將學會如何談論你的悲傷而不再感到那麼地罪惡，希望你也能學會如何讓你自己快樂而且不會如此擔憂。

活動 55 Jay 的故事

＊閱讀或聆聽以下的故事並回答問題。

　　Jay 終於交到一個「特別朋友」的那一天，他真是高興極了。Jay 和母親及大姊住在一起，他一直希望能有個哥哥。他媽媽已經辦好所有的申請手續，好讓 Jay 加入附近的一個社團，而成為他的特別朋友的小弟弟。

　　Jay 第一次和他的特別朋友 Ned 出去的經驗很好，他們一起去打迷你高爾夫。第二次他們一起到 Ned 家游泳，他有間漂亮的房子和他自己的游泳池。因為是夏天，他們幾乎每週都去游泳。兩個月之後，Ned 建議他們「裸泳」。這聽起來有一點奇怪，但是因為 Jay 認為 Ned 覺得這有趣，便同意嘗試。畢竟，Ned 是個這麼有趣的人，大家都喜歡他。

　　裸泳滿有趣的，但是 Ned 開始在 Jay 來的時候放一些「成人」雜誌在床上。有一天當 Jay 在擦身體時，Ned 進來，並且開始看那些雜誌，然後他做了一些讓 Jay 覺得不舒服的事。他問 Jay 是否曾和自己「玩」過，Jay 不知如何回答，Ned 告訴他，他可以示範給他看，他似乎只是想幫忙 Jay，但是整件事情似乎有些奇怪。Ned 對 Jay 說這是一件好玩而正常的事。

　　這變成了每次 Jay 去 Ned 那邊游泳的例行公事。現在 Jay 開始對於到 Ned 那裡感到不舒服，他不知道要怎麼說。他很喜歡 Ned，他也開始覺得他自己願意和 Ned 一起裸泳和看那些雜誌是自己的錯，現在他不知道應該怎麼辦。

§ 問題討論 §

1.為何 Jay 認為這是他的錯？

_____

_____

_____

_____

2.Ned 告訴 Jay 什麼,讓他覺得這是正常的?

_____

_____

_____

_____

3.寫出或畫出你對這個故事的感覺?

活動 57　我想說……

✽重新讀這本手冊，畫出傷害你的人，並且寫下對於被傷害，你想說的話。

活動 58　認為那是我的錯

*完成以下的句子。

1.有時候，我認為那是我的錯，因為＿＿＿＿＿＿＿＿＿＿＿＿＿＿＿＿＿＿＿

＿＿＿＿＿＿＿＿＿＿＿＿＿＿＿＿＿＿＿＿＿＿＿＿＿＿＿＿＿＿＿＿＿＿＿

＿＿＿＿＿＿＿＿＿＿＿＿＿＿＿＿＿＿＿＿＿＿＿＿＿＿＿＿＿＿＿＿＿＿＿

＿＿＿＿＿＿＿＿＿＿＿＿＿＿＿＿＿＿＿＿＿＿＿＿＿＿＿＿＿＿＿＿＿＿＿

2.有時候，我認為那是我的錯，因為＿＿＿＿＿＿＿＿＿＿＿＿＿＿＿＿＿＿＿

＿＿＿＿＿＿＿＿＿＿＿＿＿＿＿＿＿＿＿＿＿＿＿＿＿＿＿＿＿＿＿＿＿＿＿

＿＿＿＿＿＿＿＿＿＿＿＿＿＿＿＿＿＿＿＿＿＿＿＿＿＿＿＿＿＿＿＿＿＿＿

＿＿＿＿＿＿＿＿＿＿＿＿＿＿＿＿＿＿＿＿＿＿＿＿＿＿＿＿＿＿＿＿＿＿＿

3.有時候，我認為那是我的錯，因為＿＿＿＿＿＿＿＿＿＿＿＿＿＿＿＿＿＿＿

＿＿＿＿＿＿＿＿＿＿＿＿＿＿＿＿＿＿＿＿＿＿＿＿＿＿＿＿＿＿＿＿＿＿＿

＿＿＿＿＿＿＿＿＿＿＿＿＿＿＿＿＿＿＿＿＿＿＿＿＿＿＿＿＿＿＿＿＿＿＿

＿＿＿＿＿＿＿＿＿＿＿＿＿＿＿＿＿＿＿＿＿＿＿＿＿＿＿＿＿＿＿＿＿＿＿

4.有時候，我認為那是我的錯，因為＿＿＿＿＿＿＿＿＿＿＿＿＿＿＿＿＿＿＿

＿＿＿＿＿＿＿＿＿＿＿＿＿＿＿＿＿＿＿＿＿＿＿＿＿＿＿＿＿＿＿＿＿＿＿

＿＿＿＿＿＿＿＿＿＿＿＿＿＿＿＿＿＿＿＿＿＿＿＿＿＿＿＿＿＿＿＿＿＿＿

＿＿＿＿＿＿＿＿＿＿＿＿＿＿＿＿＿＿＿＿＿＿＿＿＿＿＿＿＿＿＿＿＿＿＿

活動 59　那真的不是我的錯

❋重新讀你前面寫的句子，再改成下面的句子。

1.那不是我的錯，因為＿＿＿＿＿＿＿＿＿＿＿＿＿＿＿＿＿＿＿

＿＿＿＿＿＿＿＿＿＿＿＿＿＿＿＿＿＿＿＿＿＿＿＿＿＿＿＿＿＿

＿＿＿＿＿＿＿＿＿＿＿＿＿＿＿＿＿＿＿＿＿＿＿＿＿＿＿＿＿＿

＿＿＿＿＿＿＿＿＿＿＿＿＿＿＿＿＿＿＿＿＿＿＿＿＿＿＿＿＿＿

＿＿＿＿＿＿＿＿＿＿＿＿＿＿＿＿＿＿＿＿＿＿＿＿＿＿＿＿＿＿

2.那不是我的錯，因為＿＿＿＿＿＿＿＿＿＿＿＿＿＿＿＿＿＿＿

＿＿＿＿＿＿＿＿＿＿＿＿＿＿＿＿＿＿＿＿＿＿＿＿＿＿＿＿＿＿

＿＿＿＿＿＿＿＿＿＿＿＿＿＿＿＿＿＿＿＿＿＿＿＿＿＿＿＿＿＿

＿＿＿＿＿＿＿＿＿＿＿＿＿＿＿＿＿＿＿＿＿＿＿＿＿＿＿＿＿＿

＿＿＿＿＿＿＿＿＿＿＿＿＿＿＿＿＿＿＿＿＿＿＿＿＿＿＿＿＿＿

3.那不是我的錯，因為＿＿＿＿＿＿＿＿＿＿＿＿＿＿＿＿＿＿＿

＿＿＿＿＿＿＿＿＿＿＿＿＿＿＿＿＿＿＿＿＿＿＿＿＿＿＿＿＿＿

＿＿＿＿＿＿＿＿＿＿＿＿＿＿＿＿＿＿＿＿＿＿＿＿＿＿＿＿＿＿

＿＿＿＿＿＿＿＿＿＿＿＿＿＿＿＿＿＿＿＿＿＿＿＿＿＿＿＿＿＿

＿＿＿＿＿＿＿＿＿＿＿＿＿＿＿＿＿＿＿＿＿＿＿＿＿＿＿＿＿＿

4.那不是我的錯，因為＿＿＿＿＿＿＿＿＿＿＿＿＿＿＿＿＿＿＿

＿＿＿＿＿＿＿＿＿＿＿＿＿＿＿＿＿＿＿＿＿＿＿＿＿＿＿＿＿＿

＿＿＿＿＿＿＿＿＿＿＿＿＿＿＿＿＿＿＿＿＿＿＿＿＿＿＿＿＿＿

＿＿＿＿＿＿＿＿＿＿＿＿＿＿＿＿＿＿＿＿＿＿＿＿＿＿＿＿＿＿

＿＿＿＿＿＿＿＿＿＿＿＿＿＿＿＿＿＿＿＿＿＿＿＿＿＿＿＿＿＿

活動 60　　*之前和之後的我*

✽畫出受傷害之前的你。

✽畫出「受傷害的」你。

　　　　之前　　　　　　　　　　　　　　　　　之後

活動 61 「失去」的東西

✻當兒童受到傷害後,有時會覺得好像「失去」了一些東西。請列出你覺得你失去的東西。

1. _____

_____

2. _____

_____

3. _____

_____

4. _____

_____

5. _____

_____

活動 62　我的信

❋寫一封信給你的「受傷的小孩」。

親愛的＿＿＿＿＿＿＿＿，

＿＿＿＿＿＿＿＿＿＿＿＿＿＿＿＿＿＿＿＿＿＿＿＿＿＿＿

＿＿＿＿＿＿＿＿＿＿＿＿＿＿＿＿＿＿＿＿＿＿＿＿＿＿＿

＿＿＿＿＿＿＿＿＿＿＿＿＿＿＿＿＿＿＿＿＿＿＿＿＿＿＿

＿＿＿＿＿＿＿＿＿＿＿＿＿＿＿＿＿＿＿＿＿＿＿＿＿＿＿

＿＿＿＿＿＿＿＿＿＿＿＿＿＿＿＿＿＿＿＿＿＿＿＿＿＿＿

＿＿＿＿＿＿＿＿＿＿＿＿＿＿＿＿＿＿＿＿＿＿＿＿＿＿＿

＿＿＿＿＿＿＿＿＿＿＿＿＿＿＿＿＿＿＿＿＿＿＿＿＿＿＿

＿＿＿＿＿＿＿＿＿＿＿＿＿＿＿＿＿＿＿＿＿＿＿＿＿＿＿

＿＿＿＿＿＿＿＿＿＿＿＿＿＿＿＿＿＿＿＿＿＿＿＿＿＿＿

＿＿＿＿＿＿＿＿＿＿＿＿＿＿＿＿＿＿＿＿＿＿＿＿＿＿＿

＿＿＿＿＿＿＿＿＿＿＿＿＿＿＿＿＿＿＿＿＿＿＿＿＿＿＿

＿＿＿＿＿＿＿＿＿＿＿＿＿＿＿＿＿＿＿＿＿＿＿＿＿＿＿

愛你的＿＿＿＿＿＿＿＿＿＿

⑨

處理「受困」的感受

😊 給小朋友的話

恭喜！你做得很好，你已經說出了這麼多自己的感受，但是你可能還有其他許多感受。當你開始感受到這些感覺時，把它們說出來是很重要的。你可能會有「受困」的感受，但是透過你自己的話，你也可以讓自己「不再被困住」。

你可能會開始對那些傷害你以及未能保護你安全的人感到憤怒，你或許會害怕讓你的憤怒表現出來。你可以用自己的話去表達自己的感受，以便你不會失去控制。

小孩子如果不去談論自己憤怒的感受，而把情緒壓抑在內心，會變得非常悲傷、自責，甚至會想傷害自己。有時候小孩子會想去傷害別人，因為他們把受傷的感受鎖在自己心裡面。

在這個章節裡你會學到如何為你的感受命名，並用一些不會傷害自己或他人的方法和他人分享自己的感受。

活動 63　我難過的感受

✽想一想到目前為止還是會引起你難過感受的一些事情，然後畫出或寫出讓你難過的這些事情。

✽完成下面的句子，以「我覺得」為開頭，寫出目前仍然令你難過的一些事情。

1.當_____

_____，我覺得難過。

2.當_____

_____，我覺得難過。

3.當_____

_____，我覺得難過。

4.當_____

_____，我覺得難過。

活動 64　我恐懼的感受

＊想一想到目前為止還是會引起你恐懼感受的一些事情，然後畫出或寫出讓你恐懼的這些事情。

✳完成下面的句子，以「我覺得」為開頭，寫出目前仍然令你恐懼的一些事情。

1.當_____

_____，我覺得恐懼。

2.當_____

_____，我覺得恐懼。

3.當_____

_____，我覺得恐懼。

4.當_____

_____，我覺得恐懼。

活動 65 **我憤怒的感受**

✱想一想到目前為止還是會引起你憤怒感受的一些事情，然後畫出或寫出讓你
憤怒的這些事情。

＊完成下面句子，以「我覺得」為開頭，寫出目前仍然令你憤怒的一些事情。

1.當＿＿＿＿＿＿＿＿＿＿＿＿＿＿＿＿＿＿＿＿＿＿＿＿＿＿＿＿

＿＿＿＿＿＿＿＿＿＿＿＿＿＿＿＿＿＿＿＿＿＿＿＿，我覺得憤怒。

2.當＿＿＿＿＿＿＿＿＿＿＿＿＿＿＿＿＿＿＿＿＿＿＿＿＿＿＿＿

＿＿＿＿＿＿＿＿＿＿＿＿＿＿＿＿＿＿＿＿＿＿＿＿，我覺得憤怒。

3.當＿＿＿＿＿＿＿＿＿＿＿＿＿＿＿＿＿＿＿＿＿＿＿＿＿＿＿＿

＿＿＿＿＿＿＿＿＿＿＿＿＿＿＿＿＿＿＿＿＿＿＿＿，我覺得憤怒。

4.當＿＿＿＿＿＿＿＿＿＿＿＿＿＿＿＿＿＿＿＿＿＿＿＿＿＿＿＿

＿＿＿＿＿＿＿＿＿＿＿＿＿＿＿＿＿＿＿＿＿＿＿＿，我覺得憤怒。

活動 66　Trina 的故事

✳ 閱讀或聆聽以下的故事，然後回答問題。

「為什麼你要這麼做？」Trina 很生氣，生氣到沒有注意到，當她把門猛力一關時，Ricky 正要進入房間，因此門差點打到 Ricky。每次 Trina 生氣時，就會這樣發脾氣，摔門或摔東西，她已經因為這樣惹了好幾次麻煩。

Trina 覺得沒有人了解她，她經歷了這麼多事。她現在住在一個寄養家庭裡。自從她的老師注意到她手臂上的瘀青，並且開始追問她有關這些瘀青的由來，她就被安置在寄養家庭裡。這已經不是第一次了，她媽媽總是說她活該；她也開始認為是自己罪有應得。畢竟，她爸爸也常常打她媽媽，而媽媽總是向爸爸道歉，說都是她的錯。所以每當媽媽打她，Trina 也開始認為是她自己的錯。

現在 Trina 的心理諮商師開始教她如何掌控自己。她正在做一本書，是有關於傷害她的每一個人及現在她對他們所作所為的感受。她現在開始學著去談自己的感受，她也學會有時採取「暫停」，可以幫助她冷靜下來，然後她可以談論自己的感受，而不必摔東西、摔門。這並不容易，有時她的怒氣仍然會控制住她……就像今天。

Trina 跑到她的房間裡，翻開日記，開始寫作。這是另外一種發洩感受的好方式。在寫下她的感受後，她總會覺得好受多了。這時，她就可以談論讓她覺得挫折的事。

§ 問題討論 §

1. Trina 發洩怒氣的方式中，有哪些是不健康的？

_____

_____

_____

_____

2. Trina 發洩怒氣的方式中,有哪些是健康的?

_____

_____

_____

_____

3. 對於照顧你自己的憤怒感覺,你可以採取哪些健康的方式?

_____

_____

_____

_____

活動 67　我的契約

✳完成以下的契約。

我將藉著以下的做法，來照顧我生氣、受傷，及難過的感受。

_____

_____

_____

_____

_____

_____

_____

_____

_____

_____

_____

_____

_____

_____

_____

_____

_____

_____

_____

簽名：_____

活動 68 開始我的日記

✳寫下你今天的想法和感受。

今天我覺得_____

_____

_____

_____

_____

_____

_____

_____

_____

_____

_____

_____

_____

_____

_____

_____

_____

_____

_____

_____

_____

活動 69　你傷害我

✳寫一封信給那個傷害你的人，務必要告訴他，你對他傷害你的事情，你的感受是什麼。

給：＿＿＿＿＿＿＿＿＿＿＿＿＿＿＿＿＿＿＿＿

_____

_____

_____

_____

_____

_____

_____

_____

_____

_____

_____

_____

_____

_____

_____

_____

簽名：＿＿＿＿＿＿＿＿＿

階段 IV

迎向未來

10 我學到了什麼？

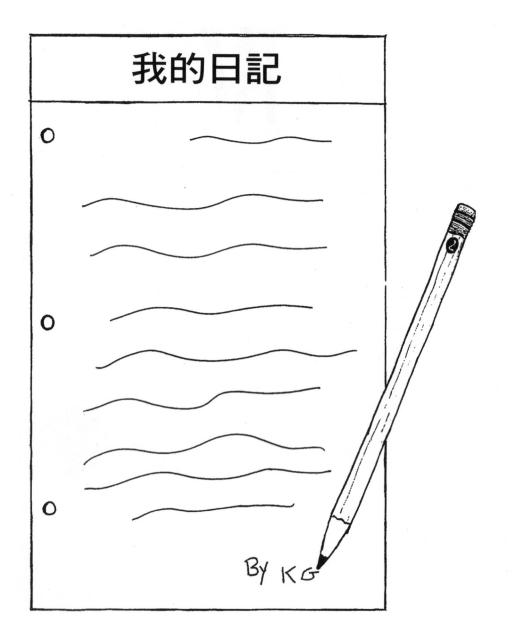

10

我學到了什麼？

給小朋友的話

你做得很好！你已經學會如何以不傷害自己或別人的方式來為你的感受命名，並談論你的感受；你已經了解更多關於安全的界限以及如何保護你個人的空間；你已經學會什麼是信任以及安全的意義是什麼；你已經學會安全和不安全的祕密之間的差別。

你已經致力於如何談論自己的記憶，以及伴隨這些記憶所產生的感受；你已經學會你的夢有時可以幫助你處理記憶；你也學會了如何「制伏」你的怪物。

你已經學會不必為別人傷害你的卑劣行為負責；你也已經學會如何使用自己的話來釋放你憤怒和受傷的感受。

哇！你真的學到很多！但是，治療你受傷的感覺很花時間，你無法讓你的傷痛如你所願的快速消失。這個章節將幫助你了解你已經學到了哪些，以及你仍然需要處理的一些事情。

活動 70　得意清單

＊在完成所有的作業之後，應該有許多令你得意的事情，請把這些讓你覺得得意的事情寫下來或者畫出來。

活動 71 **我是特別的**

✽寫出來或者畫出來你喜歡自己的一些事情。

活動 72　我已經學到的事情

✽寫下你已經學會的事情。

活動 **73** 今天的我

✳ 畫一張現在的你。

附錄

父母的輔導與性發展

父母的輔導對於兒童的發展有關鍵的影響

父母賦予性的價值與意義

如果父母有以下的情形，性將會和羞恥與／或罪惡連結

   ❋ 將性視為骯髒、不恰當或是不可告人的祕密

   ❋ 嚴格或僵化的規範，不准有健康的好奇或自我探索，或是提出疑問

   ❋ 對於兒童適當的性探索加以處罰或羞辱

父母若是在孩子面前過度性化，將會營造出性化的環境，例如以下諸項行為：

   ❋ 高度性化的行為

   ❋ 成人裸體／呈現色情物品

   ❋ 缺乏適度的界限

父母若是在孩子面前過度壓抑，將會展現性是禁忌的訊息，例如以下諸項行為：

   ❋ 成人從未展現出任何肢體親密的行為

   ❋ 父母從不允許提出健康的性問題

父母可以透過以下諸項行為提供健康的環境：

   ❋ 坦然的表現情感但非過度性化

   ❋ 教導孩子且營造孩子覺得能夠自在問問題的氣氛

兒童受虐創傷晤談
（Child Abuse Trauma Interview, CATI）

兒童姓名：_____

生　　日：_____　　實際年齡：_____

主要的治療師：_____

晤　談　者：_____　　晤談日期：_____

背景資料

1. 你的親生父母目前是還在一起、單親、分居或是已經離婚？

   _____

2. 你目前跟誰住在一起？_____

   如果不是跟親生父母住在一起，為什麼？_____

   _____

   _____

3. 請列出所有兄弟姊妹的名字，包括他們的年齡：_____

   _____

4. 你曾經和父母以外的人住在一起過嗎？

　　有_____ 沒有_____

　　如果有，是跟誰住（包括同住的時間和年齡）_____
　　_____

5. 你有被警察逮捕過嗎？

　　有_____ 沒有_____

　　如果有，請說明：_____
　　_____
　　_____

6. 你有喝過酒或是吸過毒品嗎？

　　有_____ 沒有_____

　　請說明：_____
　　_____
　　_____

7. 你的父親或母親有酗酒或是吸毒的問題嗎？

　　有_____ 沒有_____

　　如果有，請說明：_____
　　_____
　　_____

8. 喝酒或是吸毒曾經帶給你麻煩嗎？

　　有_____ 沒有_____

　　如果有，請說明：_____
　　_____
　　_____

9. 你曾經看過你的父親或母親毆打對方或是你的兄弟姊妹嗎？

　　有_____ 沒有_____

　　如果有，請說明整個事件的過程：_____
　　_____
　　_____

心理／情緒虐待

你有經歷過以下這些事嗎？如果有，多頻繁？

（那個人）	從來沒有過	有時候有	很多次	多數時間有
1. 對你吼叫	0	1	2	3
2. 辱罵你	0	1	2	3
3. 讓你覺得很罪惡	0	1	2	3
4. 嘲笑你	0	1	2	3
5. 在眾人面前羞辱你	0	1	2	3
6. 讓你覺得自己是個很糟糕的人	0	1	2	3
7. 跟你冷戰	0	1	2	3
8. 把你鎖在房間裡、櫃子裡或是狹小的空間裡	0	1	2	3
9. 把你綁起來或是把你和某些東西鍊起來	0	1	2	3
10. 威脅要傷害你或殺你	0	1	2	3
11. 威脅要傷害或殺死你在乎的人	0	1	2	3
12. 威脅要傷害或殺死你的寵物	0	1	2	3
13. 威脅要把你丟到某個地方	0	1	2	3
14. 威脅要離開家裡而且永遠不回來	0	1	2	3
15. 其他：＿＿＿＿＿＿	0	1	2	3

16. 曾經通報過兒童保護服務單位或是警方嗎？

　　有＿＿＿＿＿＿　　沒有＿＿＿＿＿＿

　　如果有，請說明整個事件的過程：＿＿＿＿＿＿＿＿＿＿＿

＿＿＿＿＿＿＿＿＿＿＿＿＿＿＿＿＿＿＿＿＿＿＿＿＿＿＿＿＿＿

17. 你曾經因為受傷而去看醫生嗎？

　　有＿＿＿＿＿＿　　沒有＿＿＿＿＿＿

　　如果有，請說明：＿＿＿＿＿＿＿＿＿＿＿＿＿＿＿＿＿＿

 **肢體虐待**

你有經歷過以下這些事嗎？如果有，多頻繁？

	從來沒有過	有時候有	很多次	多數時間有
（那個人）				
1.打你耳光	0	1	2	3
2.打／搥你	0	1	2	3
3.拳打腳踢	0	1	2	3
4.拉扯頭髮	0	1	2	3
5.抓傷	0	1	2	3
6.扭轉手臂	0	1	2	3
7.推擠	0	1	2	3
8.敲頭	0	1	2	3
9.想把你淹在水裡	0	1	2	3
10.打斷你的骨頭或牙齒	0	1	2	3
11.瘀青	0	1	2	3
12.流血	0	1	2	3
13.其他：_____	0	1	2	3

14.曾經通報過兒童保護服務單位或是警方嗎？

　　有_____沒有_____

　　如果有，請說明整個事件的過程：_____

　　_____

15.你曾經因為受傷而去看醫生嗎？

　　有_____沒有_____

　　如果有，請說明：_____

　　_____

 **性虐待**

1. 曾經有人親吻你的方式讓你覺得很不舒服？

   有＿＿＿＿＿＿沒有＿＿＿＿＿＿

   如果有，是誰？＿＿＿＿＿＿＿＿＿＿＿＿＿＿＿＿＿＿＿＿＿＿＿

   ＿＿＿＿＿＿＿＿＿＿＿＿＿＿＿＿＿＿＿＿＿＿＿＿＿＿＿＿＿＿＿＿

   請描述事情的經過（包括那個人的年齡和發生過的次數）：

   ＿＿＿＿＿＿＿＿＿＿＿＿＿＿＿＿＿＿＿＿＿＿＿＿＿＿＿＿＿＿＿＿

   ＿＿＿＿＿＿＿＿＿＿＿＿＿＿＿＿＿＿＿＿＿＿＿＿＿＿＿＿＿＿＿＿

   有沒有人曾經要你親吻他或她？

   有＿＿＿＿＿＿沒有＿＿＿＿＿＿

   如果有，是誰？＿＿＿＿＿＿＿＿＿＿＿＿＿＿＿＿＿＿＿＿＿＿＿

   ＿＿＿＿＿＿＿＿＿＿＿＿＿＿＿＿＿＿＿＿＿＿＿＿＿＿＿＿＿＿＿＿

2. 有沒有人曾經要你看一些碰觸隱私器官的電影、雜誌或圖片等？

   有＿＿＿＿＿＿沒有＿＿＿＿＿＿

   如果有，請說明：＿＿＿＿＿＿＿＿＿＿＿＿＿＿＿＿＿＿＿＿＿＿

   ＿＿＿＿＿＿＿＿＿＿＿＿＿＿＿＿＿＿＿＿＿＿＿＿＿＿＿＿＿＿＿＿

3. 有沒有人曾經把他或她的隱私器官暴露給你看，或是要你在他或她面前脫光
   你的衣服？

   有＿＿＿＿＿＿沒有＿＿＿＿＿＿

   如果有，是誰（包括那個人的年齡）？＿＿＿＿＿＿＿＿＿＿＿＿＿＿＿

請描述事情的經過（包括那個人的年齡和發生過的次數）：

_____

_____

4. 曾經有人碰觸你身體的方式讓你覺得很不舒服？

　　有_____沒有_____

　　如果有，是誰？_____

　　請描述事情的經過（包括那個人的年齡和發生過的次數）：

_____

_____

5. 曾經有人要你碰觸他或她身體的方式讓你覺得很不舒服？

　　有_____沒有_____

　　如果有，是誰（包括那個人的年齡）？_____

_____

　　請描述事情的經過（包括那個人的年齡和發生過的次數）：

_____

_____

6. 有沒有人曾經把一些東西放到你的私處？

　　有_____沒有_____

　　如果有，是誰？_____

　　請描述事情的經過（包括那個人的年齡和發生過的次數）：

_____

_____

7. 有沒有人曾經把他或她身體的某一部分放到你的私處？

　　有_____沒有_____

　　如果有，是誰？_____

　　請描述事情的經過（包括那個人的年齡和發生過的次數）：

_____

_____

_____

8. 有沒有人曾經用他或她的嘴巴碰觸你的私處，或是要你用你的嘴巴去碰他或她的私處？

有＿＿＿＿＿沒有＿＿＿＿＿

如果有，是誰？＿＿＿＿＿＿＿＿＿＿＿＿＿＿＿＿＿＿＿＿＿＿＿

請描述事情的經過：

＿＿＿＿＿＿＿＿＿＿＿＿＿＿＿＿＿＿＿＿＿＿＿＿＿＿＿＿＿＿

＿＿＿＿＿＿＿＿＿＿＿＿＿＿＿＿＿＿＿＿＿＿＿＿＿＿＿＿＿＿

9. 有沒有因為這些隱私處的碰觸而去求助過兒童保護服務單位？

有＿＿＿＿＿沒有＿＿＿＿＿

如果有，請描述事情的經過（包括當時的日期或年齡）：

＿＿＿＿＿＿＿＿＿＿＿＿＿＿＿＿＿＿＿＿＿＿＿＿＿＿＿＿＿＿

＿＿＿＿＿＿＿＿＿＿＿＿＿＿＿＿＿＿＿＿＿＿＿＿＿＿＿＿＿＿

10. 你是否曾經碰觸過別人的隱私處而讓那個人覺得不舒服？

有＿＿＿＿＿沒有＿＿＿＿＿

如果有，請描述事情的經過：

＿＿＿＿＿＿＿＿＿＿＿＿＿＿＿＿＿＿＿＿＿＿＿＿＿＿＿＿＿＿

＿＿＿＿＿＿＿＿＿＿＿＿＿＿＿＿＿＿＿＿＿＿＿＿＿＿＿＿＿＿

11. 其餘的資訊：

＿＿＿＿＿＿＿＿＿＿＿＿＿＿＿＿＿＿＿＿＿＿＿＿＿＿＿＿＿＿

＿＿＿＿＿＿＿＿＿＿＿＿＿＿＿＿＿＿＿＿＿＿＿＿＿＿＿＿＿＿

＿＿＿＿＿＿＿＿＿＿＿＿＿＿＿＿＿＿＿＿＿＿＿＿＿＿＿＿＿＿

國家圖書館出版品預行編目資料

性侵害兒童的處遇策略：從受害者轉化成倖存者：活動手冊 / C. L. Karp, T.
L. Butler 著；王文秀等譯. -- 初版. -- 臺北市：心理，2009.05
　　面；　公分. --（心理治療；113）
　　譯自：Activity book for treatment strategies for abused children: from victim
to survivor
　　ISBN 978-986-191-272-1（平裝）

1. 受虐兒童　2. 性侵害　3. 心理治療　4. 教學活動設計

548.13　　　　　　　　　　　　　　　　　　　98008189

心理治療 113　**性侵害兒童的處遇策略：從受害者轉化成倖存者**
　　　　　　　【活動手冊】

作　　　者：Cheryl L. Karp & Traci L. Butler
譯　　　者：王文秀、謝淑敏、李沁芬、陳瑩珊、彭一芳
執行編輯：陳文玲
總　編　輯：林敬堯
發　行　人：洪有義
出　版　者：心理出版社股份有限公司
社　　　址：台北市和平東路一段 180 號 7 樓
總　　　機：(02) 23671490　　傳　　真：(02) 23671457
郵　　　撥：19293172　心理出版社股份有限公司
電子信箱：psychoco@ms15.hinet.net
網　　　址：www.psy.com.tw
駐美代表：Lisa Wu　　tel: 973 546-5845　　fax: 973 546-7651
登　記　證：局版北市業字第 1372 號
電腦排版：亞帛電腦製作有限公司
印　刷　者：正恒實業有限公司
初版一刷：2009 年 5 月